Mit Bildern ist es möglich, ohne wortreiche Argumente
Brücken ins Bewusstsein der Menschen zu schlagen und diese nachhaltig zu prägen.
Ich bin davon überzeugt, dass Bilder mächtige Botschaften sind.

Willi Rolfes, Vechta

Jürgen Reich

Wildes Küstenland

Unterwegs in Mecklenburg-Vorpommern

Tecklenborg Verlag

Inhalt

Die Vereinten Nationen haben 2010 zum „Internationalen Jahr der Biodiversität“ erklärt. Biodiversität bezeichnet die Vielfalt des Lebens auf allen Ebenen. Gemeint ist damit die genetische Vielfalt in einer Gruppe von Pflanzen und Tieren (Population) ebenso wie die Vielfalt der Lebensräume in einer Region. Genau dort setzt der Autor und Fotograf Jürgen Reich an: Er stellt in seinem neuen, siebten Buch den Lesern die vielfältigen Lebensräume entlang der Küsten Mecklenburg-Vorpommerns vor und führt ihnen die Einzigartigkeit und Schönheit, aber auch die Vergänglichkeit und Empfindlichkeit dieser Landschaft eindrücklich vor Augen. Dabei lässt es sich kaum vermeiden, dass der begeisterte Ornithologe neben den fantastischen Naturschauplätzen auch und besonders die gefiederten Flagschiffe des Naturschutzes in den Fokus seiner Betrachtungen rückt – majestätische Seeadler, anmutige Kraniche sowie die gleichermaßen geliebten wie gehassten Kormorane.

Das vorliegende Buch präsentiert die Ostsee als Natur- und Kulturraum, in dem das vielfältige Wirken des Menschen seit seiner Besiedlung dieser Region nicht losgelöst von den naturräumlichen Gegebenheiten betrachtet werden kann. Lange vergangene Eiszeiten, anhaltende Landhebung und Landsenkung, stetiger Klimawandel und damit einhergehende, teilweise dramatische Änderungen des Meeresspiegels sowie die alles überformende Küstendynamik bedingen die wechselvolle Geschichte der Ostsee. Auch das OZEANEUM in Stralsund widmet dem Meer vor der Haustür eine eigene Ausstellung sowie umfangreiche Ostsee-Aquarien mit Schau- und Demobecken. Hier wie dort liegt das zentrale Anliegen darin, dass der Mensch nur das verstehen, nachhaltig nutzen, schützen und erhalten kann, was er kennt und versteht. Das vorliegende Buch wird diesem Anspruch in vollem Umfang gerecht.

Wir wünschen dem Buch viele begeisterte Leserinnen und Leser, die Lust bekommen, die Küsten im Nordosten Deutschlands auch jenseits der weißen Badestrände und in den vermeintlich ungemütlichen Jahreszeiten zu entdecken oder auf bisher unbekannten Pfaden neu zu erkunden. Die Verantwortung für das „Meer in unserer Mitte“ liegt in unserer aller Hände – lassen auch Sie sich verzaubern von der Vielfalt dieser Lebensräume weit über das Internationale Jahr der Biodiversität hinaus.

Deutsches Meeresmuseum Stralsund

Dr. Harald Benke, Direktor des Deutschen Meeresmuseums Stralsund

2010 Internationales Jahr der Biodiversität

Dr. Dorit Liebers-Helbig, Leiterin der Ostseeausstellung im OZEANEUM

Einleitende Betrachtung

Betrachtung

Wilde Strände und gezähmtes Meer – abgeschiedener Naturreichtum neben quirligen Badeorten – wuchtige Hansestädte an weiten Bodden

Einleitende Betrachtung

Der viel gepriesene Naturreichtum Mecklenburg-Vorpommerns ist unbestritten. Schaut man auf die Übernachtungszahlen der Urlauber, die mit alljährlich beachtlichen Steigerungsraten momentan über 30 Millionen liegen, spiegelt das nicht nur die gute touristische Infrastruktur wider, sondern belegt auch ganz deutlich den hohen Erholungswert im Nordosten.

Diese abwechslungsreiche Kultur- und Naturlandschaft am Meer hat verschiedene Ursachen. Zum einen liegt es am reich gegliederten Küstenstreifen, den interessanten Hansestädten und sicherlich auch an den gastfreundlichen Menschen.

Insgesamt ist das Land dünn besiedelt. In Mecklenburg-Vorpommern leben auf 23.173 km^2 lediglich 1,7 Millionen Einwohner. Zum Vergleich – ebenso viele Menschen beherbergt die Stadt Hamburg. Landesweit betrachtet bevölkern nur 77 Einwohner einen Quadratkilometer. Im Bundesdurchschnitt sind es 230. Das Meer ist nicht nur für Reisende anziehend. Auch die Hälfte der hier lebenden Menschen „drängt" sich in einem schmalen Streifen entlang der Küste.

In Mecklenburg-Vorpommern besitzen etwa zehn Prozent der Landesfläche einen Schutzstatus. Die ausgewählten Gebiete sind als Nationalpark, Biosphärenreservat, Naturpark, Landschaftsschutzgebiet oder Naturschutzgebiet gesichert. Diese weiten Areale in ihrer Gesamtheit beherbergen den überwiegenden Teil des wertvollen Bestandes an bedrohten Tier- und Pflanzenarten. Einige Arten existierten nur noch hier in geringen Restbeständen.

Gerade an der Küste und dem von ihr unmittelbar beeinflussten Hinterland reihen sich die Schutzgebiete wie eine Perlenschnur aneinander. Und es sind wirkliche Perlen dabei.

Auf den klassischen Seevogelinseln, von denen es über ein Dutzend gibt, brüten sämtliche See- und Küstenvögel, die von wenigen Ausnahmen abgesehen nur noch hier letzte Rückzugsräume finden. Schon seit dem Erwachen der Naturschutzbewegung im ersten Drittel des vergangenen Jahrhunderts stehen sie unter Schutz und werden in der Brutsaison von Vogelwärtern betreut.

Beeindruckende Küstenwälder, Küstenmoore und geologisch interessante Strandabschnitte wurden in ihrer Einmaligkeit gesichert, und seit der Wende kamen die Großschutzgebiete der beiden Nationalparke sowie das Biosphärenreservat Südost Rügen hinzu.

Mit Sicherheit wird wohl jeder aufmerksame Besucher an der Küste dem auffälligen fünfeckigen Schild, das die Silhouette einer Waldohreule auf gelbem Grund zeigt, begegnen. Mit ihm sind die Gebiete gekennzeichnet.

Wer naturkundlich interessiert ist, möchte nicht nur die Schutzgebiete besuchen und die außergewöhnliche Landschaft kennen lernen, sondern ebenso seltene Pflanzen wie Tiere entdecken, die in anderen Bundesländern nicht verbreitet oder so selten sind, dass eine Begegnung mehr als unwahrscheinlich ist.

Einen Seeadler am Himmel kreisen zu sehen und Kraniche bei ihrer Herbstrast in der Boddenlandschaft zu erleben, stehen ganz oben auf der Wunschliste.

Beide Arten haben in Mecklenburg-Vorpommern sehr gute Lebensbedingungen und dementsprechend vergleichsweise hohe Siedlungsdichten. Wer aufmerksam schaut, wird sie mit Sicherheit an der Küste oder im nahen Hinterland treffen.

Dieses Buch möchte Leser und Betrachter einladen, nicht nur den beiden Symbolarten des Naturschutzes in ihren Lebensräumen zu begegnen, sondern die bekannten und unbekannten Landschaften in ihren Details zu entdecken, bemerkenswerte Tiere und Pflanzen, die typisch für Mecklenburg-Vorpommern sind, zu erleben und den Reichtum an Naturschätzen im nordöstlichsten Bundesland kennen zu lernen.

Vorhergehende Doppelseite:

Strände, wo dem Walten des Meeres kein Einhalt geboten wird, wechseln mit Küstenabschnitten, die zum Schutz des Hinterlandes gesichert werden müssen.

Mit tief herabgezogenen Dächern ducken sich die traditionell gebauten Wohnhäuser an der Boddenküste hinter den schützenden Deich. Gleich davor wächst im brackigen Flachwasser das Schilf in bester Qualität für die Dacheindeckung.

Das Leben an der Küste bietet in der Freizeit viele Erholungsmöglichkeiten am Meer. In der Natur zu sein, weit entfernt von der Enge und Hektik des Alltages, verleiht ein Gefühl von Freiheit und Weite. Jeder Angelausflug hält Überraschungen bereit, wie mit jedem Blick durchs Fernglas Neues entdeckt werden kann.

Die Geschichte der Ostsee

Markante Landschaftsprofile – vor Jahrtausenden als Gletscherschutt abgelagert – jetzt vom Wasser modelliert und veränderte Küste

Die Geschichte der Ostsee

„Wer hat das Meer mit Toren verschlossen als es heraus brach wie aus dem Mutterschoß, als ich's mit Wolken kleidete und in Dunkelheit einwickelte wie in Windeln, als ich ihm seine Grenzen bestimmte mit meinem Damm und setzte ihm Riegel und Tore und sprach: Bis hier her sollst Du kommen und nicht weiter; hier sollen sich legen deine stolzen Wellen!"

Als der Prophet die „Antwort Gottes" an Hiob verfasste (Hiob 38, Satz 8–11), scheint er etwas von der Entstehung und den Veränderungen der Meere geahnt zu haben.

In der Gedankenwelt des Alten Testaments entstand das Meer, bei der damaligen geografischen Kenntnis das Mittelmeer, durch einen Schöpfungsakt. Doch auch vor mehr als zweitausend Jahren ahnten die gewissenhaften Beobachter sicherlich schon etwas von der zurück liegenden und weiterhin fortlaufenden geologischen Entwicklung. Wie konnten Salzwassermuscheln und -schnecken als Fossil im harten Gestein eingeschlossen, in tausenden Metern Höhe und hunderte Kilometer vom Meer entfernt im Gebirge gefunden werden? Wie konnten Fischernetze tief am Meeresgrund an Baumstubben hängen bleiben und Torf ehemaliger Moore aus der Tiefe ans Licht holen? Den Menschen fehlte noch das Wissen von den langsam wirkenden Hebungs- und Senkungserscheinungen der Erdkruste, von globalen Klimaveränderungen, die Eiszeiten mit Warmphasen abwechseln ließen. Aber sie fanden einleuchtende Erklärungen für ihre Zeit, die in wunderbare Worte gefasst, noch heute auf uns wirken.

Ganz besonders die Ostsee erlebte in ihrer wechselvollen Geschichte mehrfach gravierende Veränderungen, von totaler Vergletscherung, Abriegelungen, Aufstauung und sich „öffnenden Toren", die das Zusammenspiel mit dem Weltmeer unterbrachen oder wieder herstellten.

Die Geschichte der Ostsee ist so spannend, so abwechslungsreich und mit menschlichen Maßstäben bewertet, nur schwer erfassbar, dass das Werden dieses Meeres eigentlich wie ein Wintermärchen vor unwirklich langer Zeit anfängt.

Es begann in der Weichselkaltzeit vor 115.000 Jahren, als das Klima ständig kälter wurde und im Norden ein gigantischer Panzer von Eis empor wuchs. Etwa achtzig Meter Schneehöhe sind erforderlich, um zusammengesackt, angeschmolzen, verdichtet und gepresst einen Meter Gletschereis entstehen zu lassen. Unvorstellbar lange liegt diese Zeit zurück, und ebenso kann man nur schwer erahnen, dass im heutigen Küstenbereich von Mecklenburg-Vorpommern grönländische Klimaverhältnisse herrschten. Im frühen Weichselglazial schoben sich die Gletscher knirschend, krachend, berstend, aber vor allen Dingen wachsend, heran. Jährlich wanderten sie um ein bis zwei Kilometer vom norwegischen Grundgebirge herunter, vereinigten sich mit dem nordischen Eisstrom, um ziemlich gradlinig nach Süden vorzustoßen. Ihre Bahn war das schon aus älteren geologischen Zeiten vorgeformten Becken. In ihm drangen sie bis in den südlichen Ostseeraum vor. Sie führten Verwitterungsschutt des alten kaledonischen Faltengebirges, vom staubfein zerkleinerten Ton bis zu riesigen Findlingen mit. Den ganzen Meeresboden schoben sie ab und alles, was sich ihnen in den Weg stellte. Eingeschlossen im Eis kam es bis in die Landschaft Mitteleuropas. Die Insel Rügen war bereits aus voran gegangenen geologischen Epochen zu diesem Zeitpunkt in die Höhe gedrückt worden und lag nun wie eine geballte Faust dem herannahenden Eis im Wege. Hier mussten sich die wandernden weißen Berge in den Oder- und Beltseegletscherstrom teilen, die noch über Jahrtausende weiter in das Binnenland wanderten. Schließlich bedeckte das Eis im Weichselhochglazial vor 20.000

Die Geschichte der Ostsee

Jahren das gesamte Binnenland zwischen der Mecklenburger Bucht und dem heutige Nordosten Brandenburgs.

Erst vor 15.000 Jahren begann das Ende dieser Giganten. Wiederum gaben globale Klimaveränderungen den Ausschlag für diesen neuen Prozess der allmählichen Erwärmung. Die Gletscher wuchsen nicht mehr, ihre Südseite zerbröckelte, und auf der Oberfläche begannen sie zu schmelzen. Ganz langsam kehrte der Frühling wieder ein. Das feste, noch aktive Eis lag im südbaltischen Küstenraum, und für 5.000 Jahre war das heutige Mecklenburg-Vorpommern eine Tundra mit sumpfigem Permafrostboden und Moränenschutt, den der Frost zerkleinerte und das Schmelzwasser hin und her transportierte. Klimatisch war Mitteleuropa trotzdem eine trockene Kältesteppe mit vergleichsweise wenig Jahresniederschlag. Der Wind konnte an trockenen Stellen die feinen Sande aufwirbeln und bis weit ins Landesinnere transportieren, um sie als Dünen wieder abzulagern. Es waren kaum Pflanzen vorhanden, die den losen Boden verfestigten. Aber zum Frühling gesellte sich ganz zaghaft der Sommer. Die ersten Insekten und Gehölze wanderten zögernd ein. Moore und Seen bildeten sich in den Schmelzwasserlachen.

Doch mehrere Kälterückschläge gab es, die zwar jeweils „nur" Jahrhunderte andauerten, in denen das Eis wiederum kurzzeitig nach Süden vorrückte. Im Wesentlichen, den ganzen Zeitraum des späten Weichelglazials betrachtet, verschwand es aber um rund einhundert bis zweihundert Meter von Jahr zu Jahr nach Norden.

An seiner Südflanke, im heutigen Ostseegebiet, entstand der über Jahrhunderte wachsende baltische Eisstausee. Er lag bedeutend tiefer als der heutige Ostseespiegel und bestand aus Schmelzwasser, das von allen Seiten dieses Gewässer speiste. Der Pegel stieg rasant. Trotzdem blieb bis vor 12.800 Jahren der südwestliche Raum zwischen der dänischen Insel Møn bis hinüber zum Darßer Ort, Festland, denn immer noch waren gewaltige Mengen an Wasser weltweit als Gletschereis im Hochgebirge und an den riesigen Polkappen der Erde gebunden. Zu diesem Zeitpunkt lag der Pegel der Weltmeere vermutlich einhundert Meter unter dem heutigen Niveau. Als kurz nach diesem Zeitpunkt das Eis die mittelschwedische Senke freigab, wo sich heute die beiden großen Seen Vänern und Vättern befinden, entstand ein Abfluss zur damals ebenfalls sehr tief liegenden Nordsee. Aber der Wasseraustausch war hier und über den Öresund vor 11.600 Jahren so weit hergestellt, dass mit dem Salz des Meeres eine kleine Muschel, die zum Leitfossil für diese Zeit wurde, in das neu entstandene Brackwassermeer einwanderte. Sie hieß Yoldia artica, jetzt Portlandia artica. Nach ihr benannt war das Yoldiameer geboren, das aber nur 800 Jahre bestand. Die Gletscher verschwanden unaufhaltsam weiter nach Nordskandinavien.

Mit ihrem Zurückweichen war endlich die drückende Eislast von der Erdkruste genommen, und Südskandinavien begann sich zu heben. Damit wurde im Laufe der nächsten 1.500 Jahre die Verbindung zum Weltmeer allmählich unterbrochen. Diese Landhebung betrug gerade einmal neun Millimeter im Jahr und dauert heute noch an. Durch große Mengen Schmelzwasser und Regen aus über zweihundert Zuflüssen süßte das Meer aus. Die Yoldia konnte nicht ohne einen gewissen Salzgehalt in ihrem Lebensraum überdauern. Sie verschwand und dafür breitete sich Ancylus fluvialis aus. Diese kleine, lediglich daumennagelgroße Flussmützenschnecke wanderte über die großen Ströme ein und besiedelte überall das Gestein im neu entstandenen Süßwassersee vor 10.800 Jahren. Mit ihrer kleinen spitzen Schale hält sie sich auf Hartsubstrat fest und raspelt pflanzlichen Aufwuchs ab, wobei sie ständig weiter wandert.

Wasser und Steine am Meer- ein beliebtes Thema für Fotografen und Maler. Farben und Formen, Bewegung und Erstarrtes, Veränderung und Bleibendes- bilden Kontraste wie Harmonien die unerschöpfliche Inspiration sind.

Vorhergehende Seite:

Küstenabschnitte, die von Steinen übersäht, oder von zerstreut liegenden Findlingen geprägt sind, bilden die Blockstrände. Seit Jahrtausenden und bis in die Gegenwart hinein bleiben sie am Strand zurück wenn Stück um Stück das Meer die Kliffufer abträgt.

Die Geschichte der Ostsee

Soweit Nahrung und besiedelbarer Untergrund vorhanden sind, kommt es zur Massenvermehrung. Ihr Gehäuse ist unglaublich hart und dauerhaft. So wurde sie zum Leitfossil des nach ihr benannten süßen Ancylussees. Der Wasserspiegel stieg von zwanzig Meter unter dem heutigen Ostseeniveau in einem halben Jahrtausend um zwölf Meter an, wobei sich nachfolgend vor etwa 8.300 Jahren die Landbrücke, welche zwischen dem heutigen Dänemark und dem skandinavischen Gebirge lag, absenkte, bis der See ablief und erneut Salzwasser eindringen konnte. Dazwischen lag wiederum im südlichen Ostseebereich eine Festlandsphase, in der sich die lockere Waldlandschaft der frühen Warmzeit ausbildete.

Durch die global abtauenden Gletscher war der Wasserstand der Weltmeere in diesem Zeitraum unglaublich angestiegen.

Die Salzwassermassen, welche von dort in das abgeriegelte Ostseebecken in den nachfolgenden sechshundert Jahren einströmten, bewirkten einen kaum vorstellbaren Wasserspiegelanstieg. In diesem „kurzen" Zeitraum verschlang das neue Meer riesige Landflächen, ganz besonders an der Südflanke. Von zwanzig Meter unter dem heutigen Normal Null, stieg der Pegel in jedem Jahrhundert um 2,50 Meter! Mit den Fluten kam die Gemeine Strandschnecke Littorina littorea, eine häufige Meerschnecke, in die Küstenzonen des wiederum nach ihr benannten Litorinameeres. Diese kleine, ein bis zwei Zentimeter große Schnecke ist erstaunlich anpassungsfähig. Sie sitzt oft zu Hunderten auf allen harten Gegenständen im Flachwasser. Sogar in länger trocken fallenden Zonen überdauert sie. Selbst über Schlick und Sand kann sie ihren Standort ändern. Das kleine Tier besiedelt einen Lebensraum im Spritzwasserbereich, der von anderen Schnecken wegen der Austrocknungsgefahr nicht genutzt werden kann. Landschnecken können wegen des Salzeinflusses diese Plätze ebenfalls nicht nutzen. Somit ist die kleine Litorina konkurrenzlos. Mit ihrer harten Schale kann sie, fest verschlossen, wochenlang überstehen und ist darüber hinaus in der Lage, sowohl aus dem Wasser als auch aus der Luft den lebensnotwendigen Sauerstoff zu beziehen. Dazu frisst, besser raspelt sie alle kleineren Lebewesen, egal ob tierischer oder pflanzlicher Herkunft, die ihren Untergrund besiedeln, ab.

Die Küste war mit rasanter Geschwindigkeit weiter nach Süden verlagert worden. Dabei versanken ganze Landschaften im Meer. Über zwei Jahrtausende bildeten die Strandbereiche eine wild zerklüftete, buchtenreiche Abtragungsküste, die punktuell weit in die heute noch bestehenden Flussniederungen hineinreichte.

Dieses Litorinameer kam erst vor 5.000 Jahren etwas zur Ruhe. Der Ausgleich mit dem Weltmeer war weitestgehend erfolgt, und der fortwährende Anstieg verlangsamte sich erheblich. Bis zum Beginn der Zeitrechnung stieg der Pegel nur noch um einen Meter.

Um das Jahr Null erreichte das Meer annähernd den heutigen Pegelstand. Aus der Abtragungsküste entwickelte sich eine Ausgleichsküste, an welcher die geologischen Veränderungen geradezu gemächlich erscheinen. Erst seit diesem Zeitpunkt sprechen die Geologen von der postlitorinen Ostseeentwicklung – eben der Ostsee, wie wir sie kennen.

Das Binnenmeer scheint zur Ruhe gekommen zu sein, wie der Prophet des Buche Hiob beschrieb: „...bis hier her sollst Du kommen und nicht weiter, hier sollen sich legen deine stolzen Wellen!"

Doch die Klimaveränderungen auf der Erde, das rasante Abtauen der Eiskappen in bisher noch nicht da gewesener Geschwindigkeit und der damit verbundene Wasseranstieg, werden auch auf die Ostsee, trotz fortlaufender Küstenschutzmaßnahmen, ihre Auswirkungen haben.

Jahrhunderte war das Land nach dem Zurückweichen der Gletscher eine Tundralandschaft, in der monatelang Winter herrschte. Mit dem allgemeinen Temperaturanstieg sind jetzt kalte Phasen im Januar und Februar mit tiefen Temperaturen und lang anhaltenden Frostperioden eher selten. Besonders interessant sehen die Strände aus, wenn einsetzendes Tauwetter und Sturm die Schollen zu Bergen aufhäuft. Die Höckerschwäne können nun wieder an den freien Wasserstellen die Seegraswiesen am Grund abweiden.

Dichter Flockenwirbel bei milden Wintertemperaturen, der zum Spaziergang am Strand und auf Wegen in den Dünen einlädt, kann sich an der Küste ganz schnell in peitschendes Schneetreiben mit beißender Kälte verwandeln, wenn der Wind auf Nord dreht.

Menschenleere, einsame weite Winterlandschaft am Meer. Der Wind modelliert die Dünen neu, mischt Sand und Schnee, treibt die weiße Pracht widerstandslos voran, bewegt sie ruhelos über den kahlen, hart gefrorenen Strand oder lagert im Windschatten ab, was von alleine keinen Halt findet.

Nach dem Eis kam der Mensch

Besiedlung

Von der Kältesteppe zum Urwald – aus der
unberührten Wildnis gestaltet der Mensch sein Kulturland

Die Gräber der Jungsteinzeit sind die ersten Bauwerke der Menschen an der Ostseeküste. Bis heute haben einige die Zeit überdauert und bilden ganz markante Blickpunkte in der Landschaft.

Vorhergehende Doppelseite:

Middelhagen auf Rügen und der weite Blick vom Jagdschloss Granitz über den Südosten der Insel zeigen die vielgestaltige, über Jahrhunderte gewachsene Kulturlandschaft.

Nach dem Eis kam der Mensch

Vor 14.000 Jahren wurde das Gebiet allmählich eisfrei. Die Gletscherreste auf dem Land zerfielen und die Kante des Eisschildes, damals zwischen Rügen und Bornholm gelegen, rückte immer weiter nach Norden zurück. Klimatisch waren die Lebensbedingungen an der Südflanke der eisigen Barriere besonders durch die kalten Fallwinde äußerst ungünstig. Unablässige Kälte, Schmelzwasser, das im Frostboden kaum versickern konnte, und kahler Moränenschutt waren sicherlich nicht sehr einladend. Doch wärmere Phasen, die schon Hoffnung gaben, wechselten mit Kaltperioden in schneller Folge. Lediglich an geschützten Plätzen in Flusstälern begannen zaghaft die ersten Moore zu wachsen, an deren Rändern Zwergbirkengestrüpp und niedrige Weidenarten die höchste Vegetation bildeten.

Wann die ersten Menschen an unserem heutigen Küstengebiet von Mecklenburg-Vorpommern auftauchten, liegt noch im Dunkeln der Geschichte verborgen. Mammutzähne und Rentiergeweihe, die bereits mehrfach zu Tage kamen, zeigen, dass die Großtierarten der Tundra als wichtigste Beutetiere der altsteinzeitlichen Jäger bereits hier lebten.

Nur sehr zögerlich folgten kleine, fellbekleidete Menschengruppen in den Sommermonaten den Großtierherden nach. Ihre Ausstattung, die der von Eskimos nicht unähnlich war, bestand in großen Teilen aus organischen Materialien. Sie überdauerten die Zeit nur selten. Jagdwaffenfunde aus dem norddeutschen Binnenland bezeugen die Anwesenheit von Jägern seit dieser Zeit. Sie stellten bereits für ihre Waffen ganz typische Pfeilspitzen aus Feuerstein her, die nicht verwittern. Dieses harte, scharfkantig brechende, gut zu bearbeitende Gestein, behielt vom Beginn der Besiedlung bis zum Ende der Bronzezeit vor 2.500 Jahren einen hohen Wert für unsere Vorfahren als Rohstoff für Werkzeuge und Waffen.

An der heutigen Ostseeküste tauchten die Menschen nachweislich erst vor etwa 12.000 Jahren auf. Allmählich wurde das Klima wärmer, und nach den Birken- und Kiefernwäldern, die der Tundrenvegetation folgten, siedelten sich vor 10.000 Jahren zunehmend weitere Laubholzarten an. Lockere Wälder begannen das Land zu bedecken. Die Artenvielfalt an Groß- und Niederwild, der Fischreichtum besonders mit Hering, Aal, Dorsch und Plattfisch, die Vögel und ihre Eier, Robben, essbare Pflanzen und deren Wurzeln, boten nun ganzjährig für die mittelsteinzeitlichen Jäger, Sammler und Fischer ein ausreichendes Auskommen. Sogar die Wärme liebende Sumpfschildkröte gehörte zur Nahrungspalette der Menschen. In den ersten Vorwaldstadien war die Haselnuss massenhaft verbreitet. Ihre energiereichen Früchte spielten als Wintervorrat eine wichtige Rolle. Marder, Wolf, Biber und Bär lieferten die notwendigen Pelze für die kalte Jahreszeit. Das Großwild – Rothirsch, Wildpferd, Reh, Auerochse, Wisent und Wildschwein – bot neben reichlich Fleisch und den Fellen auch Sehnen, Knochen und Geweih, die leicht zu Werkzeugen, Haushaltsgeräten und Waffen verarbeitet werden konnten. Der starke Meeresanstieg sorgte dafür, dass in der Mittelsteinzeit die küstennahen Stationen schnell überflutet wurden und auf diese Art in verschiedenen Wassertiefen, bis zu vierzehn Meter, unter der heutigen Oberfläche erhalten sind. Das offene Meer war zwar unwirtlich, aber die Menschen siedelten gerne in nahe gelegenen, geschützten Buchten und den Mündungsbereichen der Flüsse. Ein Vorteil für die Sesshaftigkeit war das gänzlich oder teilweise offene Wasser im Winter. Den Bewohnern standen so Fische und Muscheln ganzjährig zur Verfügung. Meister, durch ihre vielfältigen Fangmethoden bekannt, waren die Träger der Lietzow-Kultur, benannt nach dem ersten Fundplatz auf Rügen.

Vor 6.100 Jahren begannen die Menschen an der Küste, ihre ersten Haustiere zu halten, Ackerbau zu betreiben und damit

Nach dem Eis kam der Mensch

endgültig sesshaft zu werden. Einen Höhepunkt erreichte die Bauernkultur der Jungsteinzeit mit dem Bau der Großsteingräber. Tonnenschwere Steine zu bewegen, um sie als beeindruckende Monumente für die Verstorbenen zu errichten, erforderte schon einen beachtlichen Aufwand an Personal, Organisation und technischer Fertigkeiten. Diese ältesten Bauwerke der Menschen im Nordosten sind noch heute an vielen Plätzen in Küstennähe, besonders auf Rügen, zu finden. Neu eingewanderte Bevölkerungsgruppen brachten 500 Jahre später die ersten Gold- und Kupfergegenstände in den Norden.

Vor 3.800 Jahren kamen dann verstärkt Gerätschaften aus Bronze im Tauschhandel an die Küste. Weggegeben wurden dafür Vieh, Felle und Bernstein. Besonders für den Letzteren entwickelten sich in der Folge regelrechte „Bernsteinstraßen“ bis in den Mittelmeerraum. Von dort, aus dem Alpenraum und den Kaukasusländern nahmen die Bronzeimporte deutlich zu. Aus dem Rohstoff oder durch Umschmelzen entwickelte sich in Mecklenburg-Vorpommern eine eigene Bronzekultur durch die Herstellung unverwechelbarer Gegenstände. Die Spuren dieser Bewohner sind heute noch in der Landschaft an ihren Grabstellen, den Hügelgräbern, zu erkennen, die mehr oder weniger auffällig überall im Küstenbereich liegen. Die imposanteste Grabanlage dieser Art ist der „Dobberworth“ bei Sagard auf Rügen.

In der Spätphase der Bronzezeit ließ die Zufuhr des wertvollen Metalls nach. Die Handelswege wurden zunehmend unsicher, klimatisch ungünstige Bedingungen kamen hinzu, und alle leicht zugänglichen Erzlagerstätten waren bereits erschöpft. Notgedrungen wendeten sich die Siedler wieder verstärkt dem Feuerstein als Werkzeugrohstoff zu.

Vor 2.800 Jahren verbreitete sich, vom österreichischen Hallstatt ausgehend, über ganz Mitteleuropa die Kenntnis der Eisenerzverhüttung. Es dauerte aber fast dreihundert Jahre, bis die ersten Verhüttungsöfen hier im Nordosten nachweislich betrieben wurden. Mit dem Raseneisenstein, als einzigem verwertbaren Erz unserer Landschaft, das sich flachgründig unter bestimmten Bedingungen in Feuchtsenken und in Moorböden bildet, konnte mit dem einheimischen Rohstoff endlich der dringende Metallbedarf gedeckt werden. Erneut setzte ein wirtschaftlicher und gesellschaftlicher Aufschwung ein, in dessen Folge sich germanische Stämme herausbildeten. Sie standen bereits in regem Austausch mit Nachbarvölkern und dem aufblühenden Römischen Reich. Besonders nach der Zeitwende gelangten Luxusgüter aus Edelmetall und Glas aus dem Süden bis an die Ostsee. Zwar sind Siedlungen und Urnengräberfelder, ebenso Körperbestattungen aus germanischer Zeit zahlreich nachweisbar, aber oberirdisch sichtbare Denkmale haben die Bewohner trotz ihrer fast tausendjährigen Besiedlung nicht hinterlassen.

Dem Hunneneinfall in Europa im Jahr 375 und seinen daraus resultierenden Wanderbewegungen, „wo ganz Europa auf den Beinen war“, folgte hier ein Sog nach Süden, dem auch viele Siedler unterlagen und mitgerissen wurden. Bis auf eine geringe Restbevölkerung waren der südliche Ostseeküstenbereich sowie das angrenzende Binnenland durch Abwanderung zwischen dem sechsten und siebten Jahrhundert fast menschenleer! Das ungenutzte Land erzeugte Begehrlichkeiten. So wanderten spätestens im frühen siebenten Jahrhundert slawische Stämme etappenweise über den Oderweg von Süden und aus dem Osten ein.

Untereinander lebten die Bewohner nicht immer friedvoll. Zahlreiche Siedlungen gehörten zu Burgen, die Adelssitz, Stammeszentrum und wehrhafter Zufluchtsort waren. Nur zwei derartige Anlagen existieren an der Außenküste – Arkona auf Rügen und das heutige Rerik bei Wismar. Die erhaltenen, oft gewaltigen Erdwälle fallen auf und sind als Bodendenkmale unter Schutz gestellt.

Mit dem verbesserten Bootsbau entwickelten sich weit

Nach dem Eis kam der Mensch

reichende, ständige Handelsbeziehungen, aber auch Piraterie. Der Sklavenhandel versprach schnellen Gewinn, weshalb die meisten Siedlungen einen Sicherheitsabstand zur Küste einhielten. Trotzdem entstanden bedeutende Seehandelsplätze, die auch Handwerkszentren waren, wie Reric an der Wismarer Bucht, Roztoc an der Warnowmündung, Ralswiek auf Rügen und Menzlin an der Peene, die trotz ihrer Seeverbindung immer etwas geschützt im Lande lagen.

Lang anhaltenden Frieden gab es kaum. In der ersten Hälfte des zwölften Jahrhunderts wurde der politische und militärische Druck auf die heidnischen Gebiete zwischen Elbe und Oder sehr stark. Heinrich der Löwe – Herzog von Sachsen und Bayern – drängte von Süden und der Dänenkönig Waldemar der Große von Norden.

Der Stammvater des mecklenburgischen Fürstenhauses, Niklot, konnte über einige Jahrzehnte bis zu seinem gewaltsamen Tod sein großes Territorium verteidigen, aber das Ende dieser Besiedlungszeit kam.

Als 1167 sein Sohn, der slawische Obotritenherrscher „Pribizelaus de Mikelenburg“ sich der Übermacht, wohl auch aus Vernunft beugend, deutscher Fürst wurde, wanderten als erstes Mönche, vorwiegend des Zisterzienserordens, in das Land ein. Sie gründeten Klöster, organisierten die Neuanlage von Städten, förderten vielfältige Handwerke, den Handel und bauten landwirtschaftliche Strukturen auf. Eine weitere, sehr wichtige Aufgabe, der sie sich mit beeindruckendem Idealismus widmeten, war die Missionierung durch die Gründung christlicher Gemeinden. Ohne ein angeglichenes Glaubensfundament konnte das Zusammenleben der alten Bevölkerung mit den neuen Siedlern, die scharenweise ins Land kamen, nicht vorankommen. In großer Zahl wanderten landlose Bauern, meist aus Niedersachsen und Westfalen ein, die planmäßig angesiedelt wurden.

Hatten schon die slawischen Bewohner große Waldgebiete gerodet, die den Großtierarten Wisent, Auerochse, Wolf und Luchs kaum noch das Überleben sicherten, verschwand nun der Urwald in einem Jahrhundert. Alle Ortsnamen mit der Endung „hagen“ sind Neugründungen im Wald aus dieser Zeit. Liegen zwei Orte gleichen Namens nachbarschaftlich nebeneinander und werden mit den Zusätzen „Groß“ und „Klein“ unterschieden, wie beispielsweise Groß Zicker und Klein Zicker an der Südostspitze von Rügen, zeugen sie vom Nebeneinander einer slawischen und deutschen Siedlung.

Auch wurden besonders an der Küste die bereits vorhandenen frühstädtischen Zentren zu befestigten Städten ausgebaut. In diesem vielgestaltigen und nicht immer friedlichen Prozess entstanden die bis jetzt vorhandenen Grundzüge der Wirtschaftsstrukturen im Küstenraum. Nur wenige Ortschaften sind nach der urkundlichen Ersterwähnung älter als achthundert Jahre.

Mit dem Schutzbund der Hanse ab dem dreizehnten Jahrhundert entwickelte sich ein aufblühender Handel im Ostseeraum, der den Küstenstädten zu beachtlichem Wohlstand verhalf. Bei einem Besuch der Hansestädte kann man leicht an Hand der Backsteinarchitektur von Bürgerhäusern und Kirchen den Reichtum und das Selbstbewusstsein der wehrhaften Orte ablesen. Seit dieser Zeit entwickelte sich der immer weiter und umfangreicher werdende Seehandel neben Fischfang und Landwirtschaft zum dritten wirtschaftlichen Pfeiler des Landes.

Mit der Industrialisierung im neunzehnten Jahrhundert sind die Städte, wie überall in Deutschland, weit über ihre alten Mauern hinaus gewachsen. Die Werftindustrie mit allen damit zusammenhängenden Wirtschaftszweigen brachte an der Küste Lohn und Brot in großem Umfang. Momentan ist der Tourismus die stärkste Wirtschaftskraft.

Brücken werden heute aus Stahl gebaut und Wege mit Asphalt befestigt. Auf Rügen existieren an einigen Stellen noch Holzbrücken und Wege, wie sie in der Vergangenheit selbstverständlich waren.

Vorhergehende Seiten:

Die Gründung von Städten unweit des Meeres hat große wirtschaftliche Vorteile. Die Speicherhäuser im Stadthafen von Rostock waren für den Handel bedeutungsvoll. Doppelten Nutzen konnten die Dorfbewohner in Küstennähe aus der Landwirtschaft und dem Fischfang ziehen.

Auf der Halbinsel Mönchgut, im Biosphärenreservat Südostrügen, wird durch Beweidung auf ganz traditionelle Art die offene Kulturlandschaft gepflegt und erhalten.

Auf Äckern, die nach der Ernte nicht mehr bestellt werden, entsteht im Folgejahr ohne menschliches Tun ein farbenprächtiges Stück Landschaft aus Klatschmohn, Kornblume und Kamille.

Kopfweiden wurden einst bewusst als Grenzmarkierung an Wegen, Feldrainen, Gräben und Bächen begleitend gepflanzt. Überall prägen sie das Bild der offenen Feldlandschaft im Nordosten.

Alte Kopfweiden wirken wie Skulpturen in der Landschaft. Jahrzehntelang wurde ihr weiches Holz als Viehfutter, für Zaunbau und Werkzeugstiele genutzt. Zäh, krumm und verwachsen harren sie aus, schieben immer wieder grüne Triebe heraus. Selbst Blitzschlag, Brand, Holz zerstörende Pilze und starken Vertritt durch Rinder halten sie aus.

Nachfolgende Doppelseite:

Fangbereit tuckert der Fischkutter in aller Frühe zu seinen Netzen im Salzhaff. Noch am Vormittag wird er den Fang anlanden und unverzüglich weiter geben. So kommt der Fisch rechtzeitig, in küstentypischer Qualität, auf den Tisch.

Trotz einfachster Mittel war der Fischfang bereits in vorgeschichtlicher Zeit eine wichtige Lebensgrundlage. Durch Erfahrung und technische Verbesserungen wurden die Fangmethoden ständig weiter entwickelt. Am Haff haben sich die traditionellen Reusen bewährt. Sie stehen heute noch im Flachwasser in unmittelbarer Ufernähe und bescheren reiche Fänge.

DGzRS
SAR
POE-010
POE-008

Kleine Fischereihäfen, wie hier in Timmendorf auf der Insel Poel an der Wismarer Bucht, prägen mit ihrer Beschaulichkeit und dem typischen Geruch der Fischräuchereien das Flair der Küste. Sie sind Wirtschaftsfaktor wie auch touristischer Anziehungspunkt.

Die Ewigkeit des Meeres

Stürmischer Herbst – klare, salzherb erfüllte Luft –
auflaufende Wellen werfen Bernstein an Land

Ewiges Meer

Und Tag und Nacht und Nacht und Tag,
Und immer rauscht der Wellenschlag.
Und immer wirft mit ewger Hand
Das Meer die Wellen an den Strand.
Und Well' um Welle brandet, bricht –
Einst stand mein Haus am Strand noch nicht.
Einst wird es nicht am Strand mehr stehn.
Nur Wind und Wellen werden gehen.
Nicht Weib, nicht Kind, nicht Kindeskind,
nur Sand und See und See und Wind.
Nicht eine Spur von Menschenhand,
nur Sand und See und See und Sand.
Nur Zeit und Zeit und wieder Zeit.
– und wissen doch um Ewigkeit.

Hermann Claudius (1878–1980)

Die Ewigkeit des Meeres

Wie ein Faden, der ebenso endlos lang zu sein scheint wie die Wellen der Brandung, zieht sich durch alle Epochen der Literaturgeschichte das „ewige Meer".

Vom römischen Gelehrten Plinius bis zum Liedermacher Reinhard Mey, überall taucht es auf. Von dieser Ewigkeit, die bei genauerer Betrachtung und geologischer Kenntnis eigentlich nur fortlaufende Veränderung ist, schreibt auch der Urenkel des kirchlichen „Liedermachers" Matthias Claudius.

Der wunderbare Rhythmus seiner genau gewählten Worte entspricht sehr schön dem Gleichtakt der Wellen. Man spürt aus den Worten ganz deutlich seinen Bezug zur verhältnismäßig gleichförmigen Nordseeküste, die dem Hamburger näher war als die Ostseestrände.

Zwar sind die westlichen Ostseeküstenabschnitte der Mecklenburger Bucht in Schleswig-Holstein geologisch betrachtet ebenfalls nicht sehr abwechslungsreich, gehen aber im Bereich der Wismarer Bucht und daran anschließend bald in eine vielgestaltige Küstenlandschaft über, was sich bis zu den Stränden auf Usedom nicht mehr ändert.

Die Küste Mecklenburg-Vorpommerns ist überraschend lang! Der Außenküstenbereich erstreckt sich über dreihundertvierzig Kilometer zwischen der Landesgrenze am Dassower See zu Schleswig-Holstein im Westen, und Usedom an der Staatsgrenze zu Polen im Osten. Rechnet man sämtliche vom offenen Meer direkt beeinflussten Bodden- und Haffküsten hinzu, erhöht sich die Länge schnell auf 1470 Kilometer – die längste Küste aller Bundesländer!

Steile, bis zu vierzig Meter hohe Kliffs, an denen Abbrüche nichts Besonderes sind, Strände, die nur aus Geröll und Findlingen zu bestehen scheinen, wechseln mit unterschiedlich ausgeprägten Sandstränden ab. Weniger den Wind und Wellen ausgesetzte Abschnitte gehen in schilfbewachsene Boddenufer über. An einigen Küstenbereichen entstehen strömungsbedingte Anlandungen von Sand, die in Form vorgelagerter Haken und Strandwälle Neuland entstehen lassen. An ganz wenigen Abschnitten weht der Wind die angelandeten Sande zu Naturdünen auf, was aber sehr selten ist. Viele Flachküstenbereiche besitzen zwar eine Düne, die aber künstlich aufgebaut wurde, um das Hinterland dauerhaft zu schützen.

Trotzdem, die Küste ist in Bewegung! Drei Kräfte sind es, die hier, wo Land und Wasser zusammentreffen, gelegentlich aufeinander prallen, sich nachhaltig gegenseitig beeinflussen.

Eine Kraft ist für den Menschen nicht spürbar. Sie wirkt ganz schwach im Verborgenen, aber so beharrlich und zäh, so lang anhaltend, dass ihr Einfluss nun schon über Jahrtausende fortwährend wirkt; die Hebung und Senkung der Erdkruste. Beide Erscheinungen sind die Folge der nacheiszeitlichen Veränderungen. Und genau durch den Nordosten Mecklenburg-Vorpommerns verläuft eine unsichtbare Linie, an der sich beide Kräfte aufheben – die Nulllinie. Sie durchzieht nördlich der Insel Fehmarn die Mecklenburger Bucht, trifft am Fuß des Darß auf das Festland, durchläuft küstennah ganz Vorpommern, um schließlich wieder in der innersten Spitze an der Oderbucht die Ostsee zu erreichen. Alle Gebiete nördlich davon „erheben" sich langsam aus dem Meer und alle südlich davon gelegenen Landstriche „versinken" ganz langsam. Das klingt beeindruckend, aber in Zahlen ausgedrückt hebt sich die Nordspitze von Rügen am stärksten mit gerade einmal 0,4 Millimeter im Jahr, wo hingegen die Bereiche um Wismar mit 1,2 Millimeter jährlich deutlich schneller absinken.

Zu dieser Kraft gesellt sich eine weitere, die man ebenfalls nicht so ohne weiteres bemerkt; den allgemeinen Anstieg des Wasserstandes im Weltmeer. Momentan klettert er mit jährlich 0,8 Millimeter „in die Höhe".

Die Ewigkeit des Meeres

Neben diesen grundlegenden, aber nicht sichtbaren Veränderungen wirken an der Grenzlinie Küste drei weitere Kräfte aufeinander, ja, sie scheinen gegeneinander zu kämpfen; Wasser, Land und Luft. Die Erste ist zweifellos die stärkste Macht, welche die Außenküste in unterschiedlicher Intensität ganz besonders trifft. Sturmhochwasser, das in jedem Winter mehrfach die Strände überflutet, reißt immer wieder Boden mit sich. Ganz besonders an den windexponierten Steilküsten, wo die Wellen lange Anlaufwege über die offene See haben, tragen sie den aus zurückliegenden Eiszeiten abgelagerten Geschiebemergel fort. Die entstehenden Küstenabbrüche und Auswaschungen nähren aber wiederum die Strände. Große Steine, sowie Geröll bleibt im unmittelbaren Strandbereich oder Flachwasser, der Schorre, liegen. Als Wellenbrecher schützen sie diese Blockstrände auf ganz natürliche Art. Feineres Material wird abtransportiert, mehrfach umgelagert, um letztendlich an einer völlig anderen Stelle im Rand- oder Schattenbereich der Strömungen als langsam wachsende Sandbank wieder zu erstehen. Noch feinere Bestandteile sinken erst in den Stillwasserbereichen auf den Grund.

Siebzig Prozent der Küste unterliegt der Abtragung, in ganz unterschiedlicher Intensität. Die übrigen Abschnitte sind durch An- und Abtragung ausgeglichen, oder es gibt sogar einen Zuwachs. Im statistischen Durchschnitt, auf die gesamte Länge der Außenküste berechnet, weicht diese in Mecklenburg-Vorpommern jährlich um dreißig Zentimeter zurück!

Nicht nur der Wellenschlag, sondern auch das Niederschlagswasser fördert die Erosion. Der Regen läuft in Sturzbächen von den kahlen Wänden herab und reißt Bodenmaterial mit. Zusätzlich sättigt er das Erdreich im Hinterland. So können gefährliche Erdrutsche entstehen, wie in den letzten Jahren in Lohme auf Rügen, wo Teile der Ortslage gesperrt werde mussten. Nur der Frost schafft es alljährlich, je nachdem wie tief er in die Steilküste eindringen konnte, eine mehr oder weniger dicke Platte nach dem Durchtauen von der Steilwand zu lösen, die im Frühjahr sehr schnell von den Wellen verschlungen ist.

Geologisch betrachtet ist diese Entwicklung rasant und ebenso beeindruckend wie die Anlandungen. Der Darßer Ort wächst seit Jahrhunderten ständig weiter ins Meer hinaus. Die Sandbänke an seiner Spitze künden schon, für jeden Besucher vom dort stehenden Leuchtturm aus gut sichtbar, den weiteren Landzuwachs an. Zwischen dem Zingst, welcher zwischen Darß und Hiddensee liegt, lagert die See große Sandmengen im flachen Windwatt Bock ab. Auch im Windschatten des Dornbusch, dem nördlichen Mergelkern der Insel Hiddensee, unweit der Halbinsel Bug, die schon zu Rügen gehört, wuchsen im Schutz des Hochlandes der Alte und Neue Bessin als lange Sandzungen in den vergangenen Jahrhunderten weit in den Schaproder Bodden hinaus. Noch weiter vorgelagert entsteht in den letzten Jahren bereits ein dritter Bessin. Momentan liegt, nach einer Sturmnacht vom Land abgerissen, seine Spitze als kleine Sandinsel da, die wieder auf eine Verbindung wartet. Wiederum wird der Sturm es sein, der das Meer in Unruhe bringt, es aufwühlt, bis Strömungen neuen Sand heranschaffen, um die Lücke zu schließen.

Wer die Ostsee im Sommer erlebt, in warmer, klarer Salzluft die kleinen Wellen am Strand beobachtet, dem drängen sich zuerst die Gedanken vom ewigen Meer auf. Nur wer genau hinschaut, wird bemerken, dass einzig und allein die Veränderung an der Küste Bestand hat.

Die selten gewordene Stranddistel wächst weit vorgerückt im losen Sand. Nur an wenig belaufenen Stränden kann sie überleben.

Oberhalb der Steilküste, nahe der Abbruchkante, wurde die Ackernutzung eingestellt. Eine ungenutzte Wiese entsteht allmählich. Als erstes haben sich Klatschmohn, Hundskamille und Natternkopf ungestört ausbreiten können. Den üppig blühenden Sommerblumen werden bald die Gräser folgen.

An flachen Stränden wirbelt der ständige Wind den trockenen, losen Sand zu Dünen auf. Nur ganz wenige Pflanzenarten schaffen es hier, in den Weißdünen Fuß zu fassen. Etwas abgelegen im Windschutz entstehen Graudünen, auf denen die Pflanzendecke schon dauerhafter, aber sehr trittempfindlich ist.

Charakteristischer Besiedler der Graudünen ist die Rentierflechte. Sie übersteht problemlos trockene Hitze, Kälte sowie andauernde Nässe. Aber nur an Standorten mit sauberer Luft kann sie existieren. Auch das Silbergras hat ähnliche Ansprüche an den Lebensraum.

Ohne menschlichen Einfluss haben die anspruchslosen Kiefern und Birken auf den nährstoffarmen Sanden des Küstenhinterlandes Fuß gefasst. Nach der ersten Waldgeneration folgt die Zweite. Verschiedene Laubbaumarten siedelten sich an und es erscheinen bereits die ersten Buchen. Ganz allmählich, dann aber dauerhaft, setzt sich diese Baumart durch.

Herbstmärchen im Küstenbuchenwald – ein Mensch ist allein unterwegs und lauscht in die Stille. Bizarre Formen haben die Stämme im rauen, salzigen Küstenklima ausgebildet. Ihre Wurzeln sammeln mühselig die wenigen vorhandenen Nährstoffe der dünnen Humusdecke. Doch es reicht nur zum Krüppelwuchs.

Vom Zauber des Meeres

Von der Höhe über weiße Kreidezinnen hinweg auf
das Meer schauen – knirschenden Feuerstein
am Strand unter den Füßen – Nationalpark Jasmund

Vom Zauber des Meeres

Für jeden, der zum erste Mal das Meer erlebt, ist diese Begegnung etwas Besonderes, die einprägsam, nachhaltig und bei den meisten Menschen mit dem festen Wunsch verbunden ist, wieder zu kommen, um den Zauber dieses ersten Kennenlernens noch einmal zu erleben.

In keiner anderen Zeit als der Romantik zu Beginn des neunzehnten Jahrhunderts wurde dieser Augenblick so tief empfunden dargestellt, beschrieben und gemalt.

Als Caspar David Friedrich (1774–1840) auf seiner dritten Rügenreise von seinem Dresdner Freund Friedrich Gotthelf Kummer begleitet wurde, hielt letzterer in ganz berührenden Zeilen seinen Eindruck von dieser ersten Begegnung mit der Landschaft am offenen Meer fest. Ein Dorfjunge aus dem nahe gelegenen Ort Hagen führte die beiden am 10. August 1815 an den beeindruckendsten Abschnitt, den die deutsche Ostseeküste zu bieten hat – die Kreidefelsen der Halbinsel Jasmund auf Rügen.

Aus dem dunklen Buchenwald heraustretend, schreibt der Dresdner später in sein Tagebuch: „Der Forst war allmählich lichte geworden, eine dunkele Ferne schimmerte heran; der Wind ruhte, kaum das sich die zartesten Ästchen bewegten; aber dennoch dumpfes Sturmesbrausen um mich her. Betroffen und so wunderbar erregt, dass ich nur gehaltenen Schrittes über schönen Rasenteppich dem freien Vordergrunde mich zu nähern wagte, trat ich der Sonne entgegen: Ich sah mich am hohen jähen Uferrand, tief unter mir aber das unendliche, allen Gebilden der Phantasie Hohn spottende Meer, und jetzt erst erkannte ich, woher das Brausen gekommen: es waren die gewaltigen silberschäumenden, hoch aufbrausenden Wogen. Fester als die Bäume hinter mir, stand ich angewurzelt am Boden. Diese Berge, Täler und Hügel, diese rastlos gebärende und verschlingende grüne Flut, wie sie mit düsterem Ernst zum fernsten Horizont aufsteigt, von solcher Höhe herab zum ersten Male zu schauen, gewährt einen Augenblick, dessen Erhabenheit wohl empfunden, aber nicht geschildert werden kann. Wie so selig war mir dabei zu Mute! – Als ich so trunkenen Blickes hinaus in die wogende Ferne schaute und am Saume des Urgewässers schneeweiß erscheinende Segel auftauchen, größer und größer werden und dann das dreimastige Schiff, ein zweites gleich darauf emporsteigen sah: da fühlte ich mich völlig aus dem Kreise meiner Vorstellungen verdrängt; zumal als bald hier bald dort die wunderbaren Glutfarben auf der ungeheuren Fläche weithin flammten und nicht selten gleich dem Glanz des Silbers neben dem reinsten Purpur mit chrysolithener Einfassung ausstrahlten, welche dann oft in die Färbung des Rubins und Saphiers zauberisch überging. Des Knaben Frage, ob ihm erlaubt sei, zum Dorfe zurückzukehren, wirkte gleich einer Entzauberung auf mich. ‘Er mag uns doch ein Abendbrot hierher bringen!’ So erscholl jetzt die Stimme meines Gefährten, der in einiger Entfernung meine Ankunft und mein Entzücken still beobachtet und sich daran ergötzt hatte. Den früheren Einfall zu verwirklichen war auch ich geneigt: Kartoffeln wollten wir uns in heißer Asche rösten, dann dort oben bei einem Wachtfeuer in unsere Mantelkragen gehüllt übernachten und so auf des Schicksals Gunst harrend das Aufsteigen der Sonne aus den Wellen erwarten.“

Fast zweihundert Jahre sind seit dem Niederschreiben dieser Zeilen in sein Tagebuch vergangen. Nichts davon hat die Faszination der ersten Begegnung mit dem Meer bis zum heutigen Tag eingebüßt. Sicherlich, der an das flache Land gewohnte Blick mit dem nahen Horizont, den der Münzbeamte Kummer bei der Durchquerung von Rügen mit „reizende Rückblicke …

über die fruchtreiche, Ähren vergoldete Insel…“ beschreibt, findet im Jasmund einen Blickwinkel aus mehr als einhundert Meter Höhe auf das Meer, wie er an keiner anderen Stelle der Küste möglich ist.

Trotzdem sind alle Ostseestrände in Mecklenburg-Vorpommern schön und auf ihre Weise beeindruckend. Die Küste hat sehr viele, unterschiedliche Gesichter. Jeder, der möchte, kann hier seinen Strand finden. Geologisch Interessierte werden an den Steilküsten lesen wie in einem Buch und nach Fossilien im Geröll suchen. Naturkundliche Besucher mit Fernglas zieht es mit großer Kraft zu den Plätzen, wo das Vogelleben am reichhaltigsten vertreten ist.

Das angrenzende, abwechslungsreiche Hinterland bietet für alle ganz verschiedene Kulturerlebnisse.

Backsteingotik, die Architektur der Seebäder, sowie interessante Spuren der Hanse locken wiederum Menschen in die Städte und Küstenorte.

Doch letztendlich oder darüber hinaus sind die vielen endlosen Strände auch ein idealer Fundplatz, dessen Reiz sich kein Wanderer entziehen kann. Wer am Spülsaum entlang geht, dessen Blick wird über kurz oder lang an den Boden gefesselt. Skurrile, von der Brandung in endloser Arbeit eigenwillig geschliffene Hölzer, ebenso, aber über Jahrtausende abgetrommelte bunte Steine oder die beliebten Hühnergötter, wird der suchende Blick entdecken. Andere Strandfunde wie Muscheln, Schnecken oder wunderschön gezeichnete Vogelfedern werden nicht liegen bleiben. Wer so unterwegs ist, hegt auch sicherlich den stillen Wunsch, wenigstens ein kleines Stück vom Gold des Meeres, dem Bernstein, zu finden. Aber das ist ein seltenes Glück und wird oftmals nur dem zuteil, der wiederkommt und weitersucht.

Seit die Buche vor etwa eintausend
Jahren das Küstenland erreicht
hat, wächst sie auf den Kreidehügeln
im Jasmund. Nie wurden an
dieser Stelle der Wald gerodet,
Felder oder Siedlungen anlegt.
So konnte sich die wertvolle Wald-
pflanzengesellschaft über einen
langen Zeitraum ungestört entfalten.

Landschaft in Ruhe genießen – Königsstuhl und Hochuferweg
außerhalb der lebhaften Sommersaison. Das Schatten spendende Blätterdach
ist verschwunden, der Blick wird freier, die Brise weht frischer.

Mehrere kleine Waldbäche durchziehen den Jasmund. Sie führen im Sommer nur wenig, oftmals gar kein Wasser. Spätestens mit dem reichlicher fallenden Herbstregen, wenn die Verdunstung durch die Laubkronen ohnehin entfällt, erwachen sie zu neuem Leben.

Ruhe, die nur vom Echo der tief unten liegenden Brandung in den Buchen beantwortet wird – feuchter Seedunst, der vom Meer herüber durch den Wald zieht – eine eigenwillige Stimmung.

Vorbei ist die Zeit der blendend weißen Kreide mit den zwitschernden Mehlschwalben, deren Nester unerreichbar in der Steilwand kleben. In der klaren Herbstluft erklingt nun Tag und Nacht der Zugvogelruf.

Beobachten und entdecken

Zugvogelwanderung im Herbst – die Küste ist
eine Leitlinie – vom auffallenden Kranich
bis zum kleinen Strandläufer rasten sie hier

Beobachten und entdecken

Die Küstenwinter sind mit der anhaltenden Klimaerwärmung in den letzten Jahrzehnten seltener geworden. Manchmal vergehen vier bis fünf Jahre, bis das Land am Meer für mehrere Wochen eine dauerhafte Schneedecke trägt. Meistens vergehen die kalten Monate mit viel Regen, viel Wind, gelegentlichem Hochwasser und kurzzeitig dünnen Schneelagen. Gerade die Strände sehen meist nur kurzzeitig wie überpudert aus. Ganz selten, wenn anhaltend Schnee fällt, bauen Sturm und Wind große Wehen im Windschatten der Dünen auf. Aber wenn es doch richtig Winter wird, nimmt er das Küstenland mit großen Schneemengen, riesigen Verwehungen und anhaltender Kälte, die meist von Nord kommt, wochenlang, oftmals bis in den März hinein, gefangen.

Die Seeadler stört das nicht. Kalte Winter, in denen viele Wasservögel ihr Leben verlieren, bieten dem großen Greifvogel bequem zu erreichende Nahrung in Hülle und Fülle. Tiefe Temperaturen stören ihn nicht.

Im allgemeinen grünt es im Frühjahr an der Küste deutlich später. Das noch winterkalte Ostseewasser verhindert trotz der wärmenden Frühlingssonne einen deutlichen Temperaturanstieg. Fliegen in Mitteldeutschland bereits die Fallschirme des Löwenzahns durch die laue Frühlingsluft, scheinen auf den Küstenwiesen im Norden die Blütenköpfe im kalten Seewind noch auf sonnigere Tage zu warten.

Ganz langsam erwärmt sich das Meer. Die Buchen der Küstenwälder beginnen in der ersten Maiwoche zaghaft ihre Blätter zu schieben. Vorher bedecken Buschwindröschen als auffallend weiß blühender Teppich großflächig die ansonsten noch kahlen Wälder.

Viele Seevogelarten beginnen zu diesem Zeitpunkt mit ihrer Brut. Andere Vogelarten wiederum kommen deutlich später aus den Winterquartieren zurück und führen ihre Jungen noch in den Sommermonaten.

Bereits im August beginnt die Zugzeit mit den ersten von Skandinavien kommenden Strandläufern. Der Zughöhepunkt an der Küste ist zweifellos die Kranichrast im Oktober.

Zu dieser Jahreszeit ist der nun wiederum mildernde Einfluss der Ostsee deutlich zu spüren. Das noch fast sommerwarme Wasser erhöht die Lufttemperatur angenehm, während in den Hochlagen der Mittelgebirge bereits die ersten Schneeschauer den neuen Winter ankündigen.

Im großen Schwärmen rasten skandinavische Goldregenpfeifer bereits im Spätsommer und Frühherbst an der Boddenküste.

Ein außergewöhnlicher Anblick – das nachtaktive Rotwild zieht von seinen Äsungsflächen erst spät am Vormittag über das Watt am Außenstrand in die Tageseinstände. Nur in Schutzgebieten sind Wildtiere so vertraut.

Beeindruckend ist die Rotwildbrunft auf dem Darß. Die kapitalen Hirsche röhren ab Ende August, sobald die Nächte schon deutlich kühler werden, in den Wäldern. Einige haben ihr Revier sogar in den offenen Dünen gewählt, und selbst am Stand findet man nach Einbruch der Dämmerung die Brunftrudel.

Im Nationalpark Vorpommersche Boddenlandschaft sind Begegnungen mit Wildtieren nicht ungewöhnlich. Kraniche rasten unmittelbar neben der Vogelwärterstation auf der Barther Oie, und am Leuchtturm Darßer Ort gehen Wildschweine auf Nahrungssuche, sobald der Besucherandrang des Tages vorüber ist.

Gotlandschafe, eine robuste schwedische Haustierrasse im Einsatz für den Naturschutz. Auf der Fährinsel, unmittelbar vor Hiddensee, leben sie wie Wildtiere und verhindern durch Beweidung das Bewalden der Insel. So können seltene Pflanzen- und Tierarten des Offenlandes erhalten bleiben.

Während Flussseeschwalben und Sturmmöwen (obere Reihe) an mehreren Plätzen der Küste brüten, ziehen die Zwergseeschwalben (untere Reihe) ihre Küken nur noch auf wenigen, winzigen Inseln bei Hiddensee auf. Die großen Rauseeschwalben (nebenstehende Seite) kommen als Gäste nach Abschluss der Brutsaison aus dem Baltikum an die südliche Ostseeküste.

Überall an Bodden und Außenstrand begegnet man den blendend weißen Höckerschwänen. Sie mausern im Spätsommer und können für einige Wochen nicht fliegen. In dieser Zeit rasten an der Küste auch Große Brachvögel, die aus Skandinavien kommen. Gegen die weißen Riesen wirken die unscheinbar braunen Brachvögel geradezu winzig.

Wo Flussläufe in die Bodden münden, erscheinen in der Dämmerung Biber. Sie leben heimlich in den breiten Schilfgürteln, aus denen ihr lautes Raspeln nachts zu hören ist. Den deckungsfreien Strand meiden sie.

Rotfuchs und Fischotter leben überall an der Küste. Auch sie erscheinen überwiegend nachts in der offenen Landschaft. Nur an abgelegenen Stränden kann man mit etwas Glück auch am Tag die flinken Beutegreifer beobachten.

Die schwarzen Seeraben

Kormorane

Früher ein außergewöhnlich seltener Anblick –
heute leben sie überall an der Küste – die Kormorane

Die schwarzen Seeraben

Keine einheimische Vogelart – sei sie noch so selten oder spektakulär – hat momentan so viele Schlagzeilen und löst so viele Diskussionen aus wie der Kormoran. Ist er der Schwarze Peter des Naturschutzes?

In der ersten Hälfte des vergangenen Jahrhunderts waren die Seeraben kein Thema. Es gab nur kurzzeitige Ansiedlungen, die sehr schnell mit der Waffe ausgelöscht wurden, obwohl das Reichsnaturschutzgesetz die uneingeschränkte Jagd bereits 1935 verbot. Erst in den fünfziger Jahren wurde in Niederhof bei Stralsund und zwei weiteren Kolonien der Artenschutz durchgesetzt. Allerdings achtete man darauf, dass der Kormoranbestand des Landes nicht wesentlich über 1.000 Paare anstieg. In den alten Bundesländern war die Art als Brutvogel bis auf einen geringen Rest an der niedersächsischen Küste vollständig ausgerottet. Erst mit den Schutzbestimmungen der Europäischen Union stiegen die Brutpaarzahlen und Kolonieneugründungen im Kernverbreitungsgebiet der südlichen Ostsee an.

In Mecklenburg-Vorpommern brüteten bereits Ende des Jahrtausends über 9.000 Paare in sechzehn Ansiedlungen. In anderen Bundesländern lag der Bestand noch deutlich niedriger. Derzeit brüten im Nordosten 14.500 Paare, wobei die Zeit der deutlichen Zuwachsraten der Vergangenheit anzugehören scheinen.

Noch hat der Kormoran überall gute Nahrungsbedingungen. Die mit Nährstoff belasteten Gewässer bieten eine hohe Bioproduktion. An der Ostsee zieht der Frühjahrshering in die küstennahen Bereiche zum Laichen, und die Fischer landen neben wenigen anderen Arten bevorzugt die Raubfische Hecht und Zander an. Die grätenreichen Weißfischarten sind für den Verkauf wenig interessant. Dem Kormoran ist das egal. Er frisst alles, was unter Wasser vor den Schnabel kommt. So ist der Tisch für ihn reichlich gedeckt. Seine hohe Reproduktionsrate ist wiederum die Folge. Langfristig und nachhaltig wird nur die Nahrungsbasis den Kormoranbestand regulieren, auch ohne dass der Mensch mit hohem Aufwand eingreift.

Wirtschaftliche Schäden, die bei Fischbesatz in Teichanlagen und Seen unbestritten sind, können nicht so ohne weiteres auf die Küstengewässer übertragen werden. Hier verhindern zu viele Faktoren und komplizierte Zusammenhänge sowie die Weitläufigkeit des offenen Meeres, die von Kormoranen verursachten Schäden wissenschaftlich exakt nachzuweisen.

Ihn als Bauernopfer für die sicherlich vorhandenen Probleme der Fischerei hinzustellen, wäre nur ein Rückfall in veraltete Nützlich-schädlich-Denkmuster.

Im Naturschutzgebiet „Anklamer Stadtbruch" am Kleinen Haff besteht eine der größten Kormorankolonien. Hier brüten zwei- bis dreitausend Paare.

In Kormorankolonien pulsiert das Leben. Ankommen und abfliegen, Balz und Brut, Paarung und Nestbau, füttern und streiten finden auf engstem Raum statt. Nur bei starken Regenfällen herrscht vorübergehend Ruhe.

Auch am Meer brüten Kormorane
in küstennahen Wäldern.
Nur eine Ausnahme gibt es
wenige Kilometer von Stralsund
entfernt auf der Insel „Heuwiese".
Das kleine Eiland ist frei
von Beutegreifern und somit
sicher. Dort brüten über
fünfhundert Paare am Boden.

Eigenartig fremd und exotisch wirkt der abgestorbene Wald mit den weiß bekalkten Bäumen. Nester, wohin man schaut, aus denen die Seeraben ihre quorrenden Laute hören lassen, dazu das quietschende Betteln der Jungen und überall beißend scharfer Geruch – eine ganz ungewöhnliche Stimmung.

Von April bis in den August hinein, je nach Brutbeginn der einzelnen Paare, hocken Junge in den Nestern. Abwechselnd bewachen die Altvögel den Nachwuchs und versorgen ihn ausschließlich mit vorverdautem Fisch.

Kranichrast am Meer

Kraniche

Oktober ist Kranichsaison an Meer und Bodden –
zehntausende der eleganten Vögel rasten hier –
überall erklingt ihr Fanfarenruf

Kranichrast am Meer

Neben dem Seeadler ist der Kranich eine der wenigen Vogelarten mit anhaltend positivem Bestandstrend.

Das war nicht immer so. Um 1900 brüteten in Mecklenburg und Vorpommern zusammengefasst etwa 150 Kranichpaare, wobei der Küstenstreifen eigenartigerweise weitestgehend unbesiedelt blieb. Doch die fortwährenden Entwässerungsmaßnahmen ließen den Brutbestand unaufhaltsam absinken. Zusätzlich kamen Verluste auf dem Zug und in den Winterquartieren vor allen Dingen durch eine zügellose Bejagung erschwerend hinzu. Mitte der sechziger Jahre lag der Tiefpunkt dieser Besorgnis erregenden Entwicklung. Lediglich fünfzehn Paare brüteten noch in den Grenzen der damaligen Bundesrepublik. Mit viel Einsatz sicherten Naturschützer durch Nestbewachungen und Biotop verbessernden Arbeiten diesen geringen Restbestand. Zeitgleich existierte in Mecklenburg-Vorpommern aufgrund der günstigeren Rahmenbedingungen ein Bestand von etwa 200 Brutpaaren. Die geologische Situation im Nordosten mit vielen Kleingewässern und Mooren boten dem Kranich geeignete Biotope. Darüber hinaus gab es durch die geringere Siedlungsdichte der Menschen deutlich weniger Störungen, was ein günstigeres Potenzial für die Erholung der Bestände bedeutete. Erfreulicherweise stieg die Zahl der Brutpaare durch konsequente Schutzbemühungen in den siebziger Jahren allmählich an. Die Kraniche profitierten von der allgemein hohen Nährstoffsituation in der Landschaft und einer umfangreichen Weidetierhaltung, die ganz nebenbei offene Äsungsflächen für Junge führende Paare bot. Zunehmend begannen sie, Brutbiotope zu nutzen, in denen Kraniche früher nicht zu finden waren. Ebenfalls änderte sich ihr Zugverhalten. Die Kraniche überwinterten kaum noch in Nordafrika, mit allen damit verbundenen Risiken. Sie blieben in Spanien, wo milder werdende Winter und angelegte Stauseen ihnen bessere Überlebenschancen boten. Auch wirkte hier der konsequente Schutz, wie auf dem ganzen Kontinent. Heute brüten deutlich über 3.000 Paare in Mecklenburg-Vorpommern, etwa die Hälfte des deutschen Brutbestandes! Ein Höhepunkt dieser Entwicklung zeichnet sich noch nicht ab.

In der Roten Liste Mecklenburg-Vorpommerns wurde die Art 1992 noch als gefährdet eingestuft. Später führte man sie nicht mehr. Der anhaltende Aufwärtstrend bewirkte, dass der Kranich eine der wenigen Arten ist, die aus der Roten Liste des Landes entlassen werden konnten.

Kraniche verbringen die Nacht an ihren traditionellen Schlafplätzen der Bodden. Schon in der Morgendämmerung starten sie und zurück bleibt nur eine kleine Feder.

Auf küstennahen Feldern finden die Kraniche zur Erntezeit reichlich Nahrung. Besonders gerne suchen sie abgeerntete Maisäcker auf, um nach liegen gebliebenen Körnern zu suchen. Oftmals stehen sie schon am Spätnachmittag satt und zufrieden bis zum Einbruch der Dunkelheit auf den Boddenwiesen.

Kraniche brüten besonders gerne in Wasser führenden, für Fuchs und Wildschwein unzugänglichen, Erlenbrüchen. Hier leben die sonst so ruffreudigen Altvögel ganz still und unauffällig.

In den ersten Lebenstagen der Jungen ist die herüber gereichte Nahrung aus der unmittelbaren Nestumgebung ausreichend. Doch schon bald geht die Familie im Wald, auf Lichtungen und Wiesen zur ausgiebigen Futtersuche.

Auf großen Schwingen

Seeadler

Seeadler und Meer gehören zusammen – ihrem
scharfen Blick entgeht in der weiten Landschaft nichts –
ihre Schwingen meistern jeden Sturm

Auf großen Schwingen

Vor 100 Jahren war diese imposante Greifvogelart in Mitteleuropa fast ausgerottet. Da bildeten Mecklenburg und Vorpommern keine Ausnahme. Nur vier bis sechs Brutpaare überlebten den Vernichtungsfeldzug. Lediglich einige wenige Außenseiter der Jägerschaft, Forst- und Grundeigentümer schützten ihn als „urigen Greif" in ihrem Revier. So zögerlich wie sich der Naturschutzgedanke Anfang des 20. Jahrhunderts entwickelte, später endlich in Gesetzen verankert wurde, stieg auch die Zahl der Ansiedlungen. Schleppend entwickelte sich der Bestand bis zur Mitte der fünfziger Jahre auf 80 Paare, stagnierte dann aber aufgrund des Umweltgiftes DDT über drei Jahrzehnte.

Während in den alten Bundesländern lediglich in Schleswig-Holstein vier Paare überdauerten und zwei dutzend Reviere in Nordbrandenburg bestanden, gelang es in Mecklenburg-Vorpommern den vergleichsweise hohen Bestand zu halten und ab Mitte der 80er Jahre weiter aufzubauen. Momentan existieren etwa 260 Revierpaare im Nordosten, von denen deutlich über die Hälfte erfolgreich Junge aufzieht. So flogen 2008 mehr als 235 Jungvögel aus. Diese hohe Bruterfolgsrate von 72 Prozent zeugt von den guten Lebensbedingungen für den Seeadler im Land der 1000 Seen.

Der nun schon zwei Jahrzehnte anhaltende positive Bestandstrend zeigt, wie flexibel diese Art eigentlich ist. Brüteten die Seeadler früher oftmals in abgelegenen, störungsarmen Wäldern mit besonders altem Baumbestand, möglichst in Seenähe, so gibt es jetzt bereits Horstanlagen in der Umgebung menschlicher Siedlungen oder auf hohen Pappeln, die als Windschutzstreifen in der offenen Landschaft angepflanzt wurden. In erster Linie scheint die Nahrungsgrundlage wichtigste Voraussetzung für die Reviergründung zu sein. Ob der Seeadler in naher Zukunft zum „Feldadler" wird, bleibt abzuwarten.

Für alle Jungtiere reicht der Lebensraum allmählich nicht mehr aus. Sie wandern ab. Ganz deutlich dehnt der Seeadler sein Vorkommen weiter nach Süden und Westen aus und erschließt wieder das alte Verbreitungsgebiet, in dem die Art einstmals lebte, aber ausgerottet war. Derzeit beläuft sich der deutsche Gesamtbestand auf rund 600 Paare, wovon fast jedes Zweite in Mecklenburg-Vorpommern lebt.

Immer etwas abgelegen von der Küste, niemals dem rauen Wind ausgesetzt, legt das Seeadlerpaar seinen Horst an. Jahr um Jahr wird er ausgebaut, bis eine riesige Knüppelburg entsteht. Zwar liegt der Brutplatz zwischen August und Dezember verwaist, doch mit Jahresbeginn rückt der Horst wieder ganz stark ins Interesse der Altvögel. Sie tragen neues Nistmaterial heran, schlafen in der Nähe auf einem Ast und lassen sich auch von spätwinterlichem Schneefall nicht irritieren. Schon Ende Februar kann das erste Ei im Nest liegen.

Es geht immer um Nahrung. Ohne Anstrengung erbeutet der Jungadler die wehrlose junge Silbermöwe, ohne sich von der angreifenden Mutter ablenken zu lassen (oben). Das jung erwachsene Weibchen bettelt ein altes, hellköpfiges Männchen an (rechts).

Harmoniert ein Paar, balzt es bei klarem Sonnenschein weit oben am blauen Himmel. Rufend segeln die Partner immer höher, stoßen spielerisch aufeinander, verhaken ihre Fänge und trudeln mit rasanter Geschwindigkeit in die Tiefe. Hier zeigen Seeadler diese Balzphase, die ja sehr viel Raum beansprucht, unmittelbar über dem Wasser neben einer Sandbank, was noch nie beobachtet und fotografiert wurde.

Wie der listige Rabe Hans Huckebein von Wilhelm Busch nähert sich die Nebelkrähe dem fressenden, alten Seeadler, zupft an seinen Schwanzfedern, springt sogar auf den Rücken, bis sie dem langsamen Riesen in einem unbedachten Moment das Brustbein der Ente stehlen kann.

Mein Dankeschön …

… geht an alle, die beim Werdegang und zum Gelingen des Buches beigetragen haben. Frau Bärbel Zjaba danke ich für die praktische Mitarbeit am Manuskript und Herrn Peter Gerds für die kritische Durchsicht. Herr Volker Häußler gab wertvolle Hinweise und Anregungen zur geologischen Geschichte sowie zur Besiedlung des Küstenraumes. Willi Rolfes danke ich für seine vielfältige Unterstützung.
Allen Mitarbeitern des Tecklenborg Verlages danke ich besonders für die offene, entspannte und sehr angenehme Arbeitsatmosphäre.
Ein herzliches Dankeschön geht an das Staatliche Amt für Umwelt und Natur in Rostock, das Landesamt für Umwelt, Naturschutz und Geologie in Güstrow, sowie die Mitarbeiter des Nationalparks Vorpommersche Boddenlandschaft, ohne deren Hilfsbereitschaft viele Fotos nicht entstanden wären.

Literaturauswahl

Evangelische Kirche in Deutschland/Hrsg.: Die Bibel. Mit Wortkonkordanz zur Lutherübersetzung. Stuttgart 1987

Geowissenschaftlicher Verein Neubrandenburg e.V./Hrsg.: Auf den Spuren der Eiszeit. Neubrandenburg 2003

Geschichtswerkstatt Rostock e.V./Hrsg.: Landeskundliches Lexikon Mecklenburg-Vorpommern. Rostock 2007

Hauff, P./E. Hoyer/W. Spillner: Adlerland Mecklenburg-Vorpommern Neubrandenburg 2008

Karge, W.: Illustrierte Geschichte Mecklenburg-Vorpommern. Rostock 2008

Lemke,W.: Die kurze und wechselvolle Entwicklungsgeschichte der Ostsee – Aktuelle meeresgeologische Forschungen zum Verlauf der Litorina-Transgression. Bodendenkmalpflege in Mecklenburg-Vorpommern Jahrbuch 2004 - 52

Möllers, F./K. Trippel: Kormoran – schwarzer Peter oder harmloser Vogel. Steinfurt 2009

Niedermeyer, R.-O./H. Klieve/W. Janke.: Die Ostseeküste zwischen Boltenhagen und Ahlbeck. Gotha 1987

Ornithologische Arbeitsgemeinschaft Mecklenburg-Vorpommern e.V./Hrsg.: Atlas der Brutvögel in Mecklenburg-Vorpommern. Friedland 2006

Reinicke, R.: Vorpommersche Boddenküste. Bielefeld 2008

Terberger, T./H. Lübke: Hamburger Kultur in Mecklenburg-Vorpommern? Bodendenkmalpflege in Mecklenburg-Vorpommern 2004 - 52

Teske, H./K. Bartels: Rügen – Jahreszeiten einer Insel. Berlin 2005

Zschoche, H.: Caspar David Friedrich auf Rügen. Dresden 1998

Impressum

Umwelthinweis:
Der Inhalt dieses Buches wurde auf Papier mit chlorfrei gebleichtem Zellstoff gedruckt.
Das Einbandmaterial ist recyclebar.

Die Deutsche Bibliothek – CIP Einheitsaufnahme

Wildes Küstenland
Jürgen Reich
Steinfurt; Tecklenborg Verlag, 2010
ISBN: 978-3-939172-72-7
1. Auflage 2010

Siemensstraße 4, D-48565 Steinfurt

Gesamtherstellung: Druckhaus Tecklenborg, Steinfurt

ISBN: 978-3-939172-72-7